U0617826

马革顺艺术人生·庆贺马革顺百岁华诞

世纪回眸

马革顺音乐人生

（影集）

上海音乐出版社　上海文艺音像电子出版社

序

从我走进上海音乐学院大门的那一天起，马革顺先生的名字和许多汾阳路 20 号里著名先生们的名字一样，对于我而言一直是一个传奇。作为后学，为本书作序实为僭越，但转念一想，不妨借此略表景仰，梳理马老带给后学的思考和启示吧。

马老一生对音乐艺术的不倦追求，让我想到"立行"于学术者之重要。马老半个多世纪的艺术人生，并未如其名一般"顺"，而是坎坷多舛，有被人误解的尴尬，被人冷落的无奈，被人怀疑的愤懑，被人诬陷的委屈，被人折腾的屈辱。但是，马老从来没有停止过对理想、事业与艺术的追求，在恶劣的环境下，他坚持着一切可能情况下的艺术实践，这是他取得所有艺术成就的坚实基础。

从事音乐艺术的人大多感性，的确，艺术欣赏有时不能太理性，太理性则无趣味，但是艺术教育却不能不理性，无理性则无规律，无规律则无规模，无规模则无以称现代教育。马老不仅有着丰沛的情感，还重视从"行"中立"言"。他撰写的关于合唱指挥方面的不少文论是他对这门艺术的实践总结，如对中国语言中吐字、咬字与合唱音响关系的研究，不仅指导着合唱指挥实践，也引领着业者对于理论的探究。

"立行"、"立言"，然后是"立论"。马老在六十年代就根据自己多年的研究和探索，写下《合唱学》一书，半个世纪过去了，这部中国当代合唱学的开山之作仍在不断再版，滋养了中国几代合唱指挥。将合唱艺术进行系统化、理论化的总结，是马老对中国音乐艺术的卓越贡献,他是任何一位从事合唱指挥的中国艺术家学习的楷模。

在这部影集中,有不少照片反映的是马老"立行"、"立言"、"立论"的工作状态,我们幸运地得以通过画面重温其艺术探索之路。

2008年底,我观看了上海音乐学院为马老举办的"马革顺95之尊欢乐交响大合唱音乐会"。在这场贺寿音乐会中,95岁高龄的马老亲自登台指挥了由他改编的合唱版《教我如何不想他》,更令我感动的是,这场音乐会并不全是由专业院团登场表演的,七支合唱队中,有大学生合唱团、中学生合唱团、女企业家合唱团,充分表现了马老在合唱指挥教学领域孜孜以求的群众性和专业性。这些合唱团的演唱,由马老不同时期的学生指挥,与马老的合唱指挥艺术交融在一起,演绎了音乐艺术的精美绝伦、演绎了音乐艺术与火热生活的水乳交融、演绎了艺术传统的传承与创新。这些,在这本精心编撰的影集中充分体现。相信您看到那些画面时,也会有和我一样的感慨和感动。

这部影集是马革顺先生漫漫艺术人生的影像记忆,它是一位百岁音乐老人波澜壮阔的人生画卷,记载着这位音乐教育家背负艰辛和幸福走过的筚路蓝缕;它更是一部百年中国音乐人纵横捭阖的史诗,书写着这代历尽沧桑的音乐工作者孜孜以求的执着精神和震古烁今的辉煌历程。看着这些生动的画面,我们景仰、钦美,更重要的是,我们学习、继承和传扬!

廖昌永

2013年11月27日

目 录

1914–1949

追 求

● 严父慈母

● 1930 年全家合影

● 中学毕业照

● 20 世纪 30 年代全家合影于南京丰富路
　礼拜堂前

● 1935 年 4 月 25 日,南京中央大学音乐系全体教授同学合影
　（前排左起：马思聪、施培曼、唐学咏、维尔克、史达士,
　后排左四：马革顺）

● 中央大学音乐系师生参观
　上海国立音专
　（前排左起：陈能芳、李
　惟宁、萧友梅、唐学咏 ,
　后排左二：马革顺）

● 中央大学音乐系同学在"梅庵"留影
　（后排中立者：马革顺）

● 1936 年冬全家福照

● 南京声歌协会第一次音乐会

● 南京声歌协会第二次音乐会
　　（1937 年演出于金陵大学大礼堂，指挥：史达士博士，伴奏：
　　上海工部局交响乐队，前排左二：马革顺）

● 1937 年南京中央大学毕业照

● 中央大学毕业与同学合影（周崇
　淑、徐炳华）

1937

● 恩师史达士博士

● 1938 年指挥西安战地儿童教养院孤儿合唱团
　（中立者：马革顺）

● 1938 年在西安街头指挥学生演唱抗日歌曲

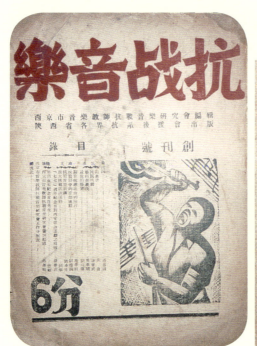

● 珍稀文献，见证历史

● 1940 年与盛璐德
成亲于上海

● 抗战胜利
后回上海，
一家三口的
温馨生活

● 1945 年为郎毓秀女士（右三）独唱音乐
会任钢琴伴奏后的合影（右二：马革顺）

● 1945 年四川省立艺专音乐科同学欢送马革顺（前排中间）返
沪摄影留念

● 1948 年赴美留学时留影

● 1948 年在美国西南音乐学院与中国同学聚餐联欢
　（中立者：马革顺）

● 在威斯敏斯特合唱学院
　宿舍前留影

● 马革顺为威斯敏斯特合唱学院院长
威廉姆逊博士及夫人摄影

● 1948 年在美国留学毕业音乐
会上演奏

● 与夫人盛璐德合影于 20 世纪 50 年代

● 与上海中华浸会神学
院圣乐团合影
（后排右一：马革顺）

● 1949 年在慕尔堂指挥上海联合圣乐团献唱亨德尔的《弥赛亚》

1950-1976

磨 炼

● 1951 年在上海慕尔堂指挥圣诞音乐崇拜，献唱《弥赛亚》

● 1952 年圣诞节在
　上海慕尔堂指挥
　《弥赛亚》

● 1953 年在上海慕尔堂指挥圣诞音乐崇拜，献唱《弥赛亚》

● 1954 年创作圣诞大合唱《受膏者》并指挥献唱

● 1954 年在华师
　大被诬"反革
　命小集团"，隔
　离审查期间写
　就这本《单声
　部试唱练习》

● 与陆修棠（二胡演奏家，中）、应尚能（歌唱家，
　右）在华东师范大学共历政治风雨后的合影

● 华东师范大学音乐系师生合影，前排中间为马革顺

● 在第一届全国音乐周（北京），指挥上海音乐学院合唱队演出

● 指挥苏石林的学生合唱团，该团为上海合唱团的前身（20 世纪50 年代初）

● 解放初，指挥上海大学生合唱团

● 1956 年指挥上海
　广播乐团合唱团合
　影（二排右一：马
　革顺）

● 1957 年指挥上海市教工合唱演出

● 1957年上海音乐学院指挥系师生与苏联专家班学员合影（左立者：杨嘉仁，前排左二：张民权，二排右三：马革顺）

● 与盛璐德合著的《幼儿园音乐游戏和欣赏教材》

● 在上海音乐学院指挥系教研组会议上发言

● 合唱学（初版）

● 1964 年在上海七宝农村参加社会主
　义教育运动

● "文革"后期，"五七"干校
　留影

● "文革"后期，"五七"干校放牛

● 与上海戏剧学院的老师们合影于"五七"干校

● "文革"后期,与张民权、黄晓同一起为工农员学兵授课

中国钢琴诗人
顾圣婴

● 优秀的钢琴家顾圣婴是马革顺的音乐理论课学生,可惜在"文革"浩劫中含冤离去

● 与相交多年的挚友朱明华、郑丽君夫妇合影

1977–1994
再生

● 1978 年在西安会见抗战时期的学生

● "文革"后,陕西省歌舞
  剧院率先前来邀请讲学、
  排练

● "文革"后,"工农兵"第一班学生毕业合影
  (第二排左三:马革顺)

● "文革"后,收了第
  一位合唱指挥学生
  张锐

● 1980 年，落实政策，搬入新居，全家欢喜

● 小外孙女玫玫　　　　● 大外孙女兰兰

● "文革"结束，开始参与接待外宾　● "文革"后，在上海音乐学院接待
　　　　　　　　　　　　　　　　　俄罗斯音乐家

● 1981年赴美国领受母校补发的
　硕士毕业证书

● 1981年访美讲学，并出席"ACDA"
　年会及"国际合唱协会"筹备会议

● 1981年6月，香港音乐事务统筹处
　向马革顺颁授锦旗

● 美国古斯塔夫学院授予马革顺名
　为"奏鸣曲式"的艺术荣誉奖章

与葛朝祉教授一起陪同英国指
挥家约翰·阿尔迪参观上海音乐
学院乐器工厂

● 1982 年与武汉
军区文工团合
唱团合影

● 文化部召集专家,
审议研究生导师资
格（前排右一：马
革顺）

● 专任指导的上海乐团女声小合唱队,获"上海
市三八红旗先进集体"称号

● 出席中国文学艺术界联合会第四次全国代表大会

●《合唱学》(修订本)　　● 上海音乐学院五十五周年校庆时, 做学术报告

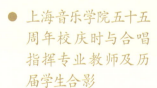

● 上海音乐学院五十五
周年校庆时与合唱
指挥专业教师及历
届学生合影

● 与总政指挥家胡德风合影

● 指挥总政文工团合唱音乐会，解
　放军总政治部主任余秋里上台祝
　贺演出成功

● 被贺绿汀院长选定指挥其新作
　《上海第三次武装起义——纪
　念周总理》

● 受贺绿汀院长委托，举办合唱训
　练班，卓有成效

● 在《贺绿汀作品音乐会》演出后，
　贺绿汀院长上台致谢

● 出席全国中等师范音乐教材讲习会，左起马革顺、张肖虎、钱仁康（上音三只老虎同庚）

● 七十风采

● 1983 年，指挥系学生为马革顺庆贺七十岁生日，在徐汇区政协礼堂聚会留影

● 出席全国中等师范音乐教材讲习会

● 与指挥家秋里、胡德风、司徒汉、郑裕锋合影

● 会晤美国著名指挥大师罗伯特肖　● 会晤美国著名指挥大师沃尔林

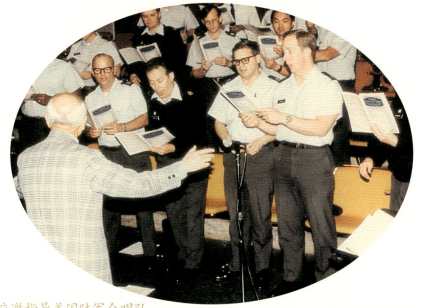

● 应邀指导美国陆军合唱队

● 在广州出席国际儿童合唱演艺协　● 在美国接受电台记者采访
会教育研讨会（右二：马革顺）

● 指挥上海音协合唱艺术研究小组　● 与上海音协室内合唱团演出后
　　为上海音协音乐沙龙作专场演出　　　合影

● 指挥广州乐团
　　合唱队演出

● 1985 年 8 月 4 日，夫人
　　盛璐德逝世

● 与前辈唐学咏（中）合影

● 与南京军区前线歌舞团合唱队　● 会见南京军区文化部沈亚威部长
　员们合影

● 新加坡乐乐合唱团在机场迎宾　● 辅导新加坡乐乐合唱团

● 与美国哈佛大学合唱团指挥
　Dr.Marvin 合影

● 哈佛大学合唱团访沪演出时特
　邀客串指挥

● 上海电视台拍摄
　马革顺指挥上海
　乐团合唱队的合
　唱音乐会

● 学生、西藏歌舞团团长俄珠多吉敬献
　哈达

● 1986 年 11 月光荣退休

● 1987 年在美国瓦特堡学院接受音乐艺术荣誉博士学位

● 获美国瓦特堡学院"音乐艺术荣誉博士",与院长福格尔(中)及同时获博士学位的美国交通部长伊丽莎白·杜尔合影

● "祝贺马革顺教授从事音乐教育五十周年合唱专场音乐会"前,上海音乐学院院长桑桐致贺词

● 音乐会后,弟子李金声、徐武冠献花

● 在中央乐团合唱队排练

● 指挥上海音协室内合唱团合唱
　音乐会

● 贺绿汀院长莅临后台祝贺演出
　成功

● 沪上著名音乐家上台合影

● 指挥中国音协上海分会室内合唱团举行"圣诞音
　乐会"

● 在山西太
　原讲学

●讲座后与学员合影

●1989 年，与内蒙古蒙古族青年合唱团团
　员合影

●在内蒙草原骑骆驼

●与合唱团指挥娅伦·格日
　勒及主持人陈黎明合影

● 参加女儿马淑慧获博
士学位的毕业典礼

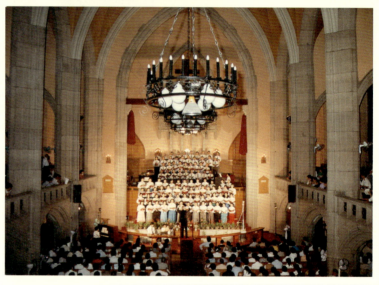

● 指挥上海基督教唱诗班（沐恩堂）

● 与海峡两岸及香港的指挥名家合影
（左三：严良堃，左四：费明仪，右一：
戴金泉，右三：马革顺）

● 在"弘一法师（李叔同）诞辰110
周年纪念音乐会"上，指挥上海
音协室内合唱团演唱李叔同的
歌曲

● 在台湾指导合
唱排练

'90 11 10

● 与台湾音乐界的朋友们合影（左四：杜黑，左五：马革顺）

● 在台湾会见尊德女中老学生

● 访台期间与周联华牧师合影

● 指挥香港国际音乐学院合唱团演出后合影

● 与香港指挥家费明仪
女士合影

● 指挥香港明仪合唱团演出

● 印尼第十届世界华人圣乐营合影（第二排左起第十位为马革顺）

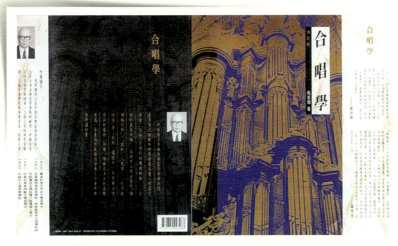

● 《合唱学》（香港版）

● 在雅加达指挥圣乐团献唱

● 在广州华南师范大学"马革顺合唱讲习班"上讲课

● 在悉尼与"上音"校友合影

● 1993年12月,上海音乐学院举行"马革顺教授八十华诞暨音乐艺术生涯六十年座谈会"（左起：江明惇院长、陈燮阳先生，右起：杨立青系主任、陈铭志教授）

● 在美国祭扫好友指挥家罗大卫

● 庆贺马革顺教授艺术生涯六十周年合唱音乐会上,瞿维先生代表中国音乐家协会、上海音乐家协会致贺词

● 上海音乐学院举办马革顺八十华
　诞座谈会

指挥上海乐团合唱团及上海音
协室内合唱团演唱

● 指挥上海基
　督教圣歌团
　演唱《受膏
　者》时发表
　即席讲话

● 在厦门举办的圣乐培训班结
　业典礼后合影

● 与出席"马革顺八十华诞贺寿音乐
　会"的音乐家们合影

第十二届世界華人基督教聖樂促進會聖樂會議暨聖樂營
日期：1994年8月21日至25日　地點：馬來西亞　砂羅越　詩巫市

● 前排就坐者左起第五位为马革顺

● 1994年在新加坡指挥哈利路亚圣乐团音乐会

● 圣乐再奉献，上海沐恩堂　　● 指挥香港建道神学院诗班献唱

1995-2003
使 命

● 鳏居十年, 自己缝纽扣

● 1995 年与薛彦莉结为夫妇

● 香港建道神学院音乐系主任谭静
  芝博士夫妇每次来沪必来探望

● 金若安夫妇来访

● 与音乐家丁善德教授共度重阳节

● 1995 年 12 月 24 日，在悉尼指挥
　演出《弥赛亚》之"神曲"

● 1996 年在美国洛杉矶水晶大教堂与
　舒勒牧师夫妇合影

● 八十二岁的风采

● 1996 年在洛杉矶水晶大教堂
　留影

● 指挥上海乐团合唱音乐会

● 1996 年指挥上海乐团合唱
团音乐会后,上海的同行上
台祝贺

● 1996 年 12 月收到贺老夫妇合影,照
片背面有"新年好,贺绿汀、姜瑞芝"
的文字,一直珍藏以纪念我最敬佩的
贺老

● 贺老为新编合唱学题词

● 1997年出席广州日报社举办的　　● 辅导海南电视台少儿合唱团
　中国著名音乐家招待会

● 上海音乐学院七十周年校庆，与朱少坤、汪立三合影

● 为王燕上指挥课　　　　　　　　● 1997年冬，在天津大学讲学

● 1999 年，夫妇同游美国，在纽约世界贸易中心楼顶留影

● 夫妇同游洛杉矶的"迪士尼"

● 五十年后再访母校
美国威斯敏斯特
合唱学院

● 五十年后，在母校宿舍前留影

● 母校琴声长萦心头

● 在母校大礼堂回忆五十年前在
这里学习合唱指挥的情景

● 在美国堪萨斯某教堂指挥《受
膏者》片段

● 访美期间，与王佐治、胡定怡夫妇及
王佐治母亲、妹妹（右一）合影

● 在弟子汪元琦家赏昙花

● 指挥美国洛杉矶"韶音"合唱团音乐会

● 1999 年, 在美国 Ouach 大学辅导学生合唱团

● 1999 年, 与男高音歌唱家程志合影于上海音乐厅

● 1999 年, 与二炮歌舞团团长马 　● 1999 年, 与总政文工团团员重逢
　福运合影于上海音乐厅 　　　　　于上海音乐厅, 异常激动

● 2000 年指挥香港"港福堂"喜乐团契诗班参加义演

● 老兄弟相聚在上海　　　　　　● 弟兄四人在我家里吃面

● 与二弟马以利（右）、三弟
马希拉（左）合影（二弟以
利英年早逝，很怀念他）

● 出任中央电视台"夕阳红"老年合唱电视大
赛暨第二届中国老年合唱节主任评委

● 2002年与小弟马大卫一起去南京为即将搬迁的父母墓地扫墓

● 世纪之交回故乡西安讲学（摄影：焦伟）

● 指挥西安星海合唱团演出（摄影：焦迎）

● 指挥上海爱乐合唱团"春之声"中德合唱音乐会
（上海音乐厅）

● 在西安指挥星海合唱团演出，当年学生携子女前来会见
（右一：星海指挥焦望曾）

● 在"金钟奖"颁奖典礼上

● 佩戴"金钟奖"荣誉
勋章留影

● 与歌唱家周小燕、郎毓秀同获"金钟奖"

● 与上海爱乐合唱团同赴欧洲，在维也纳音乐家墓园合影

● 听奥地利朋友讲述"平安夜"小教堂的历史

● 奥地利"平安夜"小教堂窗花

● 凯旋人生

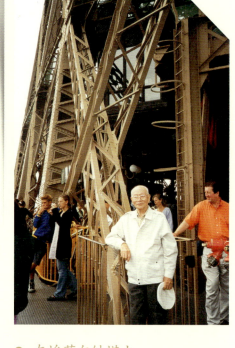

● 在埃菲尔铁塔上

● 在萨尔斯堡莫扎特广场，指挥上
海爱乐合唱团演唱

● 在学生孙俐俐与袁胜雄陪同
下参观巴黎卢浮宫

● 四代同堂合家欢

● 与上海爱乐合唱团共赴新加坡，
　在维多利亚音乐厅举办音乐会

● 指挥上海爱乐合唱团新年音乐会，
　演出《受膏者》，结束时指挥全场
　唱响《平安夜》

● 在威尼斯圣马可广场喝咖啡

● 八十八岁时
指挥福州"榕
树"合唱团,
演唱 8 首歌

● 应黑龙江省音乐家协会合唱分会邀请赴哈尔滨讲学

● 与杭州师范大学音乐学院教授　● 指挥春天少年合唱团录制 CD
阁宝林及其弟子们合影

● 浙江省圣乐培训班第
一、二期同学交流会
合影

● 九十华诞音乐会指
　挥春天少年合唱团
　演唱《雪花》

● 2003 年, 九十华诞音乐会, 与众嘉宾合影
　（左起：李金声、司徒汉、孟波、陆在易、薛彦莉、马革顺、张止
　静、杜黑、曹鹏、肖白、朱钟堂）

● 在九十华诞音乐会上讲话　● 九十华诞马革顺指挥艺术研讨会上与
　　　　　　　　　　　　　　　学生们合影

● 九十华诞音乐会众学生上台祝贺（左起：李金声、王海灵、徐亮亮、马革顺、王燕、钱大维）

● 九十华诞音乐会与音乐界朋友合影（前左一：曹鹏，左四：杜黑，后右一：段为亮，中：曹鹏夫人，后右：叶韵敏）

● 九十华诞研讨会（左：朱钟堂副院长，右：杨立青院长）

● 九十岁不停步，继续向着标杆迅跑

● 2003 年，马革顺自传《生命如圣火般燃烧》出版

● 2003 年，马革顺《艺术人生九十回眸》影集问世

● 九十华诞音乐会与戴虎、齐放、王燕、徐亮亮合影

2004-2013

收　获

● 我身后的家园在上海福寿园的基督教锡安园，毗邻华东神学院

● 王燕的硕士答辩会(前左起:王燕、马革顺、曹鹏、张眉;后左起:王觉、
曹通一)

● 2004 年,《合唱学新编》新书发布会上,费
维耀社长讲话(右一:徐武冠)

● 2004 年,《合唱学新编》
由上海音乐出版社出版

● 审阅《合唱学新编》

● 2004 年 4 月,出席在绍兴举办的国际合唱节

● 2004 年，与我同龄的老同学周崇淑从美国飞来上海，转道去西藏旅游，约我一晤（左：马友友的母亲，中：周崇淑）

● 2005 年，美国著名合唱指挥家 John Nelson 夫妇来访

● 晚年常为圣乐科的学生授课

● 参加华东神学院圣乐科第一届招生考试，考场内照顾我坐沙发

● 为华东神学院圣乐科学生排练合唱

● 为第二届圣乐科学生授课

● 2006 年，在华东神学院为圣乐科学生授课

● 在录音棚指挥圣乐科学生录音

● 2007 年，与华东神学院圣乐科首届毕业生合影留念

● 多次应邀为天主教光启音乐学校讲授圣乐课

● 2008 年，在天主教光启音乐学校开办圣乐合唱训练班

● 2007年，接受上海电视台访
　谈，向王勇口述历史

● 与著名主持人王勇先生合影

● 2007年编写《合唱与合唱指挥简明教程》

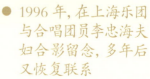

● 2007年，与上海合唱团的老团员们相聚

● 1996年，在上海乐团
　与合唱团员李忠海夫
　妇合影留念，多年后
　又恢复联系

● 袁培文、顾其华夫妇来访，
老朋友友情绵长

● 与王祖皆、张卓娅夫妇合影

● 与著名指挥家郑小瑛在厦门
合影

● 在北京与周荫昌先生合影

● 指挥埃尔加的《雪花》，很满
意这两位小提琴协奏员

● 在上海音乐厅后台演员休息室候场，
酝酿演出情绪

● 2008年为九十五岁生日音乐会，在上海交响乐团指挥排练乐队伴奏的《受膏者》，与乐队首席小提琴王希立交流

● 2008年，"95之尊"音乐会，曹鹏先生前来祝贺（中立者为学生戴虎）

● 2008年，九十五岁的马革顺在上海东方艺术中心舞台上，等候合唱团走台，演出曲目《受膏者》

● "95之尊"贺寿音乐会，指挥演出45分钟

● "95之尊"音乐会时与王海灵合影于东艺音乐厅

● 2008年,"95之尊"生日音乐会在东方艺术中心举行(图为王海灵指挥《生日歌》)

● 与美国罗切斯特清唱剧团指挥依瑞克·托纳尔(Eric E.Townell)同台演出

● 出席上海大境中学学生合唱团成立十周年音乐会,指挥《故乡的亲人》、《雪花》

● 2009年，华师大六十周年校庆，受　● 2009年，参加"声情师大"的演出，
　邀为嘉宾上台讲话，主持人董卿　　　为华师大学生合唱团加油

● 与出席上海音乐学院民主党派国庆大联欢《同舟放歌》音乐会的艺
　术家合影

● 上海音乐学院民主党派国庆节大　● 2009年，指挥全场高唱《歌唱祖国》
　联欢，指挥全场高唱《歌唱祖国》

● 与男中音歌唱家廖昌永合影

● 2009 年，上海电视台外语频道拍
　摄纪录片《乡关何处》

● 2009 年，上海电视台外语频道，
　在南京总统府前拍摄《乡关何处》

● 2009 年，与小弟马大卫在南京城
　墙上

● 2009 年，在南京城墙上拍摄《乡
　关何处》（红衣者为马革顺）

● 2009年，与小弟马大卫一起前往南京郊区父母新墓地扫墓

● 2009年，再访中央大学音乐系旧址"梅庵"追忆当年求学生涯

● 2009年，出席"上海音乐厅"命名五十周年庆典活动

● "上海音乐厅"命名五十周年庆典，老音乐家们齐集留影

● 2010年参加上海音乐学院指挥系研究生招生考试

● 在上音为指挥系大师班课授课

"老汉我九十多岁了，讲课两小时，声音还很亮，这是多年来坚持科学的发声方法的成果……"（为上音指挥系大师班授课）

2010年，上海电视台纪实频道录制《马革顺的人生影像》，与主持人刘凝合影

与华师大生物系教授、营养学专家、"全嗓子喉宝"创制人王耀发先生合影

在天津大学举办合唱音响讲座

● 参加上海音乐学院民主党派组织游览西塘　● 参加上海音乐学院统战部
　　　　　　　　　　　　　　　　　　　　　　组织的旅游，在绍兴留影

● 与春天少年合唱团的陈梅珏老师、朱　● 与春天少年合唱团的孩子们在一
　钧雄老师及研究生邓文博合影　　　　　起好开心

● 春天少年合唱团即将出国参加国际合唱比赛，为他们壮行（右六：
　指挥徐亮亮）

● 前上海音乐学院附小校长吴国钧，在纽约指挥合唱团，他每次回沪必来访，与我交流

● 学生程寿昌来访

● 会晤世界华人基督教圣乐促进会董事长杨伯伦夫妇

● 与香港朋友钟先生（左二）、夫人钟翁瑞
华（右二）及钟家二位小姐、小外孙合影
于上海

● 与香港圣乐界朋友钟翁瑞
华夫人合影于上海

● 与作曲家陈钢先生合影于上海大剧院

● 华东神学院的王剑华老师
来访

● 在上海电视台与朱践耳先生合影

● 与洪侣明同道合影

● 与汪守一、阿坤夫妇合影

● 与华东神学院的老师戚长伟、谭静芝、林玉解合影

● 与合唱指挥家吴灵芬合影

● 著名瑞典合唱指挥家隆格瑞来访，
赠送影集

● 学生汪毓新为我庆祝生日

● 俞世芳夫妇来访，其岳父戴云龙是
我早年的学生

● 上海音乐学院副院长杨燕迪春节
来访

● 杭州周竹安老师招待我游览余杭

● 2010 年为学生王瑾
　　证婚

● 2010 年指挥怀恩堂唱诗班, 圣诞节献唱

● 辅导"女企业家"合唱团

● 与市北中学学生合唱团的孩子们在一起

● 与齐珊云老师一起辅导市北中学学生合唱团

● 上海市文联沈文忠秘书长（右一）、社科院文学院院长倪里勋（后左一）、新民晚报记者金波来访，洽谈撰写出版马革顺传记事宜

● 上海市文联宋妍书记、沈文忠秘书长来访

● 2012年瑞士电视台采访留影

● 王瑾陪同美国休斯敦室内合唱团指
挥、艺术总监罗伯特·辛普生来访

● 与香港学生区品贤一家合影

● 与江苏"悦达"集团总裁邵勇先生
合影

● 出席江苏"悦达"集团为盐城工学
院学生合唱团命名及颁奖仪式

● 与江苏盐城工学院学生合唱团合影

● 三位女研究生都姓王：王燕、王海灵、王瑾（右一）

● 研究生丁繊毕业了

● 2013年我99岁，最后三位研究生毕业（左起刘薇、邓文博、张沁）

● 出席老友杨嘉仁先生的追思纪念会

● 展示杨嘉仁先生当年在南京指挥演出的照片

● 出席 2013 年春在上海音乐厅举行的上海音乐学院音教系女声合唱团音乐会,并登台指挥《雪花》(图为在休息厅与领导合影)

● 登台指挥《雪花》

● 为《受膏者》写乐队伴奏的孙畅来访 　　● 与陈燮阳在上海音乐厅合影

● 已故老友温可铮的夫人——王逑来访 　　● 学生汪元琦来访

● 江浦琦回国必来探望 　　● 葛麻、郑小维夫妇来访

● 与刘勇、蒋晓琳夫妇及其子杨
　杨一起游览南浔

● 醉了！醉了！（南浔酒厂留影）

● 闲观鱼之乐

● 我现在玩傻瓜机

● 西湖初春休闲

● 我特别喜欢这根藤制手杖，老而弥坚

● 我有"帽子情结"

● 段为亮是一位能干的演出经纪人，他与我合作多年，为我筹划了多场成功的合唱音乐会

● 上海音乐学院指挥系主任、上海歌剧院艺术总监张国勇先生来访

● 上海音乐出版社委派编辑朱凌云、崔晶前来洽谈出版"马革顺全集"事宜

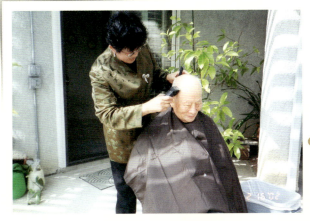

● 赴美国洛杉矶,韶音合唱团员赠我电动理发器,从此,我的理发问题由薛彦莉解决了

● 原上海乐团合唱团的老团员王务荆、徐海安来访

● 女儿马淑慧陪同游览莘庄公园

● 我的曾外孙女伶伶要摸一下太公的　● 曾外孙女伶伶钢琴弹得不错
　光头,当然可以!

● 我可爱的曾外
　孙女伶伶考进
　上海中学就读,
　我很高兴!

● 2013 年春,全家福

● 挥挥手，我的人生已走过一百个春秋，曾经受过坎坷艰难，也阅尽了世态炎凉，仍追求艺术，坚守信仰，留下人生片断的珍贵影像，作为历史的记忆与您分享！

后 记

二十世纪,是合唱艺术在我国广泛传播与发展的时期,是我国的合唱艺术迅速成长与成熟的时期。

二十世纪初期,合唱(单声部或多声部的群体歌唱)一方面随着天主教、基督教在中国的不断扩散而传播,一方面经由留洋学生引入和新式学堂的建立而推行。这一时期有了专门的音乐学校,也有了最早写作中国齐唱、合唱歌曲的作曲家。这是我国合唱艺术的奠基时期。

二十世纪三四十年代,合唱紧密结合我国人民的抗日战争和解放战争而获得巨大的活力,群众性的歌咏活动遍及城乡,齐唱、合唱歌曲创作和各类歌咏团体都得到极大的繁荣。由此培育出众多的歌咏活动组织者、作曲者、歌唱指挥者,更从中成长起来许多优秀的专家。这是我国合唱艺术的发展时期。

二十世纪下半叶,自中华人民共和国成立后,不但有各种各类业余歌咏团体活跃于社会生活中,全国各地还纷纷建立起职业的合唱团、合唱队。不久,音乐院校也开始培养专业的合唱指挥。合唱歌曲的创作,在内容、形式、数量、质量各方面都有了飞跃的进步。尽管历经曲折与磨难,但是总的来说,这个时期我国合唱艺术的成就是辉煌的。

马革顺教授出生于二十世纪初,他的一生与合唱艺术紧密相连,映照着中国合唱艺术在二十世纪的发展历程。他爱国爱合唱,在民族危亡之际,他谱写抗日歌曲,他指挥演唱抗日歌曲。五十年代以来,他成为我国合唱界中的一位焦点人物,对他或褒或贬的论争相持多年,而他却实实在在地为中国合唱艺术的发展做出了贡献,为中国合唱艺术走出国门获得世界声誉做出了贡献。他是一位虔诚的基督教徒,他也为中国的基督教圣乐事业做出了贡献。他的一生不停地为中国的合唱艺术探索着、追求着,历史可以证明,他的学术、艺术成就,是中国合唱艺术发展史上一座重要的里程碑。

"影集"客观地、真实地记录了马革顺教授一生的主要经历,选用的照片全部由马革顺教授亲自确认、审定。"影集"可以为研究中国现代合唱史的朋友们,为研究马革顺教授合唱指挥学术、艺术的朋友们,提供切实的基础材料。

徐武冠

2003 年 1 月

图书在版编目（CIP）数据

世纪回眸·马革顺音乐人生 / 马革顺著 – 上海：上海音乐出版社，
2013.12
ISBN 978-7-5523-0388-9
Ⅰ.世… Ⅱ.马… Ⅲ.马革顺 – 传记 – 图集 Ⅳ.K825.76-64
中国版本图书馆 CIP 数据核字（2013）第 261602 号

书　　　名：世纪回眸·马革顺音乐人生
图片提供：马革顺

出　品　人：费维耀
项目负责：崔　晶
责任编辑：龚　蓓
音像编辑：龚　蓓
封面设计：陆震伟
印务总监：李霄云

出　　　版：上海世纪出版集团 上海音乐出版社
地　　　址：上海市绍兴路 7 号
邮　　　编：200020
网　　　址：www.smph.cn
电子邮箱：editor_book@smph.cn
印　　　订：上海中华商务联合印刷有限公司
发　　　行：上海音乐出版社
开　　　本：787×1092　1/16　印张：6　插页：4　图、文：96 面
2013 年 12 月第 1 版　2013 年 12 月第 1 次印刷
印　　　数：1 – 1,000 册
ISBN 978-7-5523-0388-9/J · 0327
定　　　价：128.00 元（附 DVD 1 张）

读者服务热线：(021) 64375066　印装质量热线：(021) 64310542
反盗版热线：(021) 64734302　(021) 64375066-241